Sojour

GW01401341

Por l

https://campsite.bio/unitedlibrary

Índice

Descargo de responsabilidad

Este libro biográfico es una obra de no ficción basada en la vida pública de una persona famosa. El autor ha utilizado información de dominio público para crear esta obra. Aunque el autor ha investigado a fondo el tema y ha intentado describirlo con precisión, no pretende ser un estudio exhaustivo del mismo. Las opiniones expresadas en este libro son exclusivamente las del autor y no reflejan necesariamente las de ninguna organización relacionada con el tema. Este libro no debe tomarse como un aval, asesoramiento legal o cualquier otra forma de consejo profesional. Este libro se ha escrito únicamente con fines de entretenimiento.

Introducción

Explore la extraordinaria vida de Sojourner Truth, intrépida abolicionista y defensora de los derechos civiles y de la mujer en Estados Unidos. Nacida en la esclavitud en Nueva York, su viaje hacia la libertad en 1826 marcó el comienzo de su compromiso de por vida en la lucha contra la injusticia. En particular, se convirtió en la primera mujer negra en ganar un caso contra un hombre blanco para recuperar a su hijo.

En 1843, inspirada por una llamada divina, cambió su nombre por el de Sojourner Truth y se embarcó en una misión para difundir la esperanza y la verdad en el campo. Su poderoso e improvisado discurso ante la Convención sobre los Derechos de la Mujer de Ohio en 1851, conocido como "¿Acaso no soy una mujer?", resonó profundamente durante la Guerra Civil, desafiando los estereotipos y defendiendo la igualdad.

A lo largo de la guerra, Truth desempeñó un papel crucial en el reclutamiento de tropas negras para el ejército de la Unión. A continuación, hizo campaña incansablemente a favor de la concesión de tierras a los antiguos esclavos, simbolizada por la promesa de "cuarenta acres y una mula". Su legado como defensora de las mujeres y los afroamericanos sigue vivo, inspirando a generaciones a luchar por la justicia y la igualdad. **Descubra la extraordinaria vida de Sojourner Truth y anímese a defender lo que es justo.**

Sojourner Truth

Sojourner Truth, (de nombre de nacimiento Isabella Baumfree, conocida como Belle, más tarde Isabella Wagenen) nacida probablemente en 1797 en Hurley, un pueblo de la antigua colonia holandesa del condado de Ulster, Nueva York, y fallecida el 26 de noviembre de 1883 en Battle Creek, Michigan, fue una predicadora cristiana evangélica. Fue una reformista y una de las abolicionistas afroamericanas más comprometidas, así como una defensora del derecho al voto de las mujeres blancas y negras.

Nacida en la esclavitud de padres esclavos, llevó los nombres de sus distintos dueños. Llevó el nombre de Isabella Baumfree desde 1797 hasta 1827. Se casó contra su voluntad. Al no poder emanciparse a pesar de la ley de 1826, huyó y adoptó el nombre de Isabella van Wagenen, en honor del matrimonio cuáquero que la acogió.

En 1828, Isabella Wagenen, apoyada por los cuáqueros, ganó su caso contra el esclavista que retenía abusivamente a su hijo. Se convirtió en la primera mujer negra en ganar un caso contra un hombre blanco para obtener la libertad de un miembro de su familia.

Mientras predica en los barrios bajos de Manhattan, conoce a los predicadores Elijah Pierson (en) y Robert

Matthews (en), un impostor manipulador. Esto la llevó a afirmar su propia fe. Acudió a la Iglesia Metodista Episcopal Africana de Sion, contraria a la esclavitud, en una época en que la violencia contra los afroamericanos iba en aumento en Nueva York. Entabló amistad con activistas afroamericanos y se unió al *Ferrocarril Subterráneo* para ayudar a los esclavos fugitivos. El asesinato de Elijah Parish Lovejoy y el asunto de la Amistad decidieron a Isabelle Wagenen a emprender la lucha contra la esclavitud.

El día de Pentecostés de 1843, decidió adoptar el nombre de Sojourner Truth, a raíz de una revelación mística. A través del poder de su predicación, se convirtió en el símbolo de la capacidad de los pobres, y en particular de las mujeres, para levantarse y emanciparse, gracias, según ella, al poder del Espíritu Santo.

Sojourner Truth encontró entonces una verdadera vida democrática y fraternal en la Asociación para la Educación y la Industria de Northampton, sin distinción de clase o raza. Entabló amistades duraderas con activistas como Frederick Douglass, pero la comunidad arrastraba deudas y tuvo que cesar sus actividades.

Sojourner Truth no sabía leer ni escribir, por lo que dictó su autobiografía, que se publicó con éxito en 1850 bajo el título *Narrative of Sojourner Truth.* Fue invitada a hablar en conferencias sobre los derechos de la mujer y contra la

Ley de Esclavos Fugitivos, junto con otros activistas afroamericanos. Hubo violentas controversias entre ellas sobre si luchaban o no por los derechos de la mujer y los afroamericanos al mismo tiempo. Truth se dio a conocer con su discurso *Ain't I a Woman?* pronunciado el 29 de mayo de 1851 en el Congreso de Mujeres de Ohio de 1851, celebrado en Akron.

Sojourner Truth habló en todas las reuniones antiesclavistas y feministas. Aunque se oponía a la Guerra Civil, apoyó a las tropas del Norte del Ejército de la Unión. Con los Amigos Progresistas (en) de Longwwod, presentó un memorándum al presidente Abraham Lincoln sobre la emancipación de los esclavos. Fue su primer encuentro con el Presidente. Volvió a verle durante su campaña de reelección en 1864.

Tras la Guerra Civil, Sojourner Truth y sus amigos se implicaron en la defensa de los libertos a través de la Oficina de Refugiados, Libertos y Tierras Abandonadas. En 1867, Sojourner Truth intervino en la convención de la American Equal Rights Association y llamó la atención sobre la difícil situación de las mujeres de color recién liberadas, reiterando el vínculo entre los derechos de las mujeres blancas y los de las mujeres negras. Observando el estado de exclusión y pobreza de las mujeres liberadas, Sojourner Truth luchó por un proyecto de asentamiento en los territorios disponibles en el Oeste americano. A pesar de sus esfuerzos y de una gira de varios meses por Kansas y con miembros del Congreso y del Senado, tuvo que abandonar el proyecto, que no fue aprobado ni financiado.

A finales de 1874, Sojourner Truth cayó enferma, pero reanudó su serie de conferencias desde 1878 hasta 1880. La prensa se hizo eco de algunas de ellas. Murió de agotamiento en su último hogar, Battle Creek, el 26 de noviembre de 1883.

Junto con Harriet Tubman, Sojourner Truth fue una de las mujeres afroamericanas más famosas del siglo XIX.

Biografía

Los primeros años 1797- 1826

Isabella Baumfree nació hacia 1797 en Hurley, un pueblo de la antigua colonia holandesa del condado de Ulster, Nueva York. Sus padres eran Makewe, rebautizado James Bomefree, también conocido como Baumfree, que en neerlandés significa "árbol", y Elizabeth, apodada Betsey o "Mau-Mau Bett". Se cree que ambos procedían de lo que hoy es Ghana. Dieron a luz a Isabella Baumfree hacia 1797 (el año 1797 está avalado por el testimonio de sus primeros maestros). Fue la penúltima de sus doce o trece hijos. Eran esclavos del coronel Johannes Hardenberg, que sólo les hablaba en neerlandés para que no pudieran comunicarse con su entorno, predominantemente anglófono. La joven Isabella Baumfree, apodada "Belle", sólo hablaba neerlandés y mantuvo el acento durante toda su vida.

La familia Hardenberg era un pilar de la comunidad calvinista holandesa, la Iglesia Reformada Holandesa, asentada en el condado de Ulster. Adoptaron entonces el pietismo del teólogo Theodorus Jacobus Frelinghuysen (en), cuyas enseñanzas transmitieron a sus esclavas, en particular a Elizabeth Beaumfree, quien a su vez las transmitió a su hija Isabella, que se vería permanentemente influida por ellas.

Johannes Hardenberg murió en 1799. La familia Beaumfree fue parte de la herencia que pasó a su hijo Charles Hardenberg, quien se la llevó a ella y a una docena de esclavos a su nuevo hogar en las colinas vecinas. Con él, las condiciones de vida de los esclavos empeoraron, sus nuevos hogares eran insalubres y los padres de Isabella estaban agotados, extenuados tanto por el trabajo en el campo como por el frío y la humedad de su hogar durante los inviernos. A pesar de las duras condiciones de vida, los Beaumfree transmitieron una educación moral a sus hijos.

En mayo de 1808, Charles Hardenberg murió y sus herederos decidieron subastar su ganado, caballos y esclavos, entre los que se encontraba la familia Beaumfree. Sin embargo, los herederos decidieron quedarse con los padres de los Baumfree, incluso liberándolos; una vez libres, los padres de Isabella siguieron trabajando para los Hardenberg. Por su parte, Isabella Baumfree fue subastada con una remesa de ovejas por 100 dólares y pasó a ser propiedad de un comerciante, John Nealy, que vivía en el pueblo de Twaalfskill, cerca de Kingston, en el condado de Ulster. Fue brutal con ella. Isabella Baumfree no dominaba bien el inglés y cometía errores al seguir órdenes, por lo que

John Nealy y su esposa la azotaban con regularidad; John Nealy llegó a golpearla con un atizador. Isabella Baumfree intentó aprender inglés de sus amos, pero éstos no tuvieron paciencia con ella. Mientras el Sr. Nealy seguía gritándole, ella fue aprendiendo inglés, pero su acento neerlandés se mantuvo. En este ambiente de maltrato, separada de sus padres, su único refugio era la oración y la confianza en Dios.

Una tarde de invierno, el liberto James Baumfree visita a su hija Isabella. Descubre que no lleva ropa de invierno y observa las cicatrices de los golpes en la espalda de su hija. Enfurecido, James Baumfree promete encontrar una solución. En 1810, convence a Martinus Schryver, pescador y posadero de origen holandés, para que compre a su hija. Necesitaba una criada. La familia Nealy se deshizo de Isabella Baumfree y se la vendió a Martinus Schryver por 175 dólares. Éste le ofreció una vida más agradable, con ropa de abrigo para el invierno y, sobre todo, buena comida. Ya no trabajaba en el campo, sino que la destinaron a las tareas domésticas y al servicio en la posada, donde descubrió un mundo de bebedores con una jarra en la mano, que sólo pensaban en bailar o jugar, un mundo de vulgaridad. Varios clientes intentaron seducirla, pero fue en vano; permaneció casta. Durante este periodo, se enteró de que su madre había desaparecido. Entonces Martinus Schryver dejó de pagar sus deudas y vendió a Isabella a John J. Dumont, descendiente de hugonotes y rico terrateniente de New Paltz, todavía en el condado de Ulster.

Los años en New Paltz

John J. Dumont destinó a Isabella Baumfree, como a sus otros diez esclavos, a la vida doméstica de su casa; fue asignada a la cocina, donde destacó y, al mismo tiempo, mejoró gradualmente su inglés. Aunque John J. Dumont era tolerante y paciente con ella, su esposa no lo era y la reprendía regularmente. Las tensiones entre Isabella Baumfree y sus amos se debían probablemente a los celos entre los criados. Kate, en particular, una criada blanca, culpa a Isabella Baumfree de sus errores y sabotea su trabajo, sobre todo contaminando el agua de la olla en la que hierve las patatas. Gertrude Dumont, apodada Gerty, hija de los Dumont, se encariña con Isabella Baumfreee y la pone en evidencia al revelar los intentos de Kate por desacreditarla.

Durante este periodo, Isabella Baumfree recibió formación religiosa básica del empleado de la familia Dumont y del cochero de John J. Dumont, Cato, que actuaba como predicador para los esclavos.

En 1815, durante la fiesta de Pinkster (en) celebrada el día de Pentecostés por los esclavos afroamericanos de propietarios miembros de la Iglesia Reformada Holandesa. Isabella Baumfree tenía 18 años. Se enamora de Robert, esclavo de un amo llamado Catlin. Catlin se opone a la relación de Robert e Isabella y obliga a Robert a tener una compañera, una esclava con la que pueda engendrar nuevos esclavos propios. A pesar de la prohibición, Robert e Isabella siguen viéndose en secreto. Catlin, que sospecha esto, tiende una trampa y golpea a Robert con un palo delante de Isabella Baumfree. Cuando la paliza tiene lugar en casa de John J. Dumont, éste, alertado por los gritos de Baumfree, interviene para impedir que Catlin y su hijo lo golpeen. Para asegurarse de que Robert no es golpeado hasta la muerte, acompaña a los Catlin con Robert encadenado hasta su casa.

Este incidente recuerda a su amo, John J. Dumont, que Isabella Baumfree está en edad fértil y que ha llegado el momento de buscar un hombre con quien unirla. Elige a uno de sus esclavos, un hombre llamado Thomas, que ya ha sido padre de dos hijos que han sido vendidos a otros dueños. Ni Thomas ni Baumfree sienten nada el uno por el otro, pero eso no es asunto de su dueño. Sin embargo, Isabella Baumfree consigue que su amo celebre una ceremonia matrimonial, que lleva a cabo un clérigo afroamericano. A pesar del carácter arbitrario de su unión, la pareja aprende a respetarse y apreciarse. De su unión nacieron cinco hijos, cuatro hijas y un hijo: Diana, Elisabeth, Sophia y Peter. Una de las hijas murió prematuramente sin nombre. Dos de sus hijas fueron vendidas.

Emancipación (1826-1835)

El Estado de Nueva York y la abolición de la esclavitud

Tras la Guerra de la Independencia, los *cuáqueros* (Sociedad Religiosa de los Amigos) fueron los primeros en hacer campaña de forma organizada contra la esclavitud y en cuestionar el derecho de una persona a poseer a otra como esclavo. Bajo el impulso de Antoine Bénézet y John Woolman, se crearon organizaciones antiesclavistas. La primera sociedad antiesclavista estadounidense, la *Pennsylvania Abolition Society, se* fundó en Filadelfia el 14 de abril de 1775. Esta primera sociedad fue emulada en todos los estados, desde Massachusetts hasta Virginia, al igual que la *New York Manumission Society*, fundada en 1785.

En 1817, bajo la presión de los cuáqueros y de la *New York Manumission Society*, el Estado de Nueva York aprobó una primera ley que estipulaba que los esclavos nacidos después del 4 de julio de 1799 se emanciparían gradualmente: las mujeres a los 25 años y los hombres a los 28. Posteriormente, una enmienda especificó que el 4 de julio de 1827 se emanciparían todos los esclavos nacidos antes de 1799. Posteriormente, una enmienda especificó que el 4 de julio de 1827 se emanciparían todos los esclavos nacidos antes de 1799. Gracias a esta ley, Isabella Baumfree, de 29 años, pudo solicitar la emancipación a partir del 4 de julio de 1826.

Emancipación denegada

Cuando, el 4 de julio de 1826, Isabella Baumfree pidió a John J. Dumont que la emancipara, éste se negó por considerar que no había recibido valor por su dinero. Baumfree sabía que la presión de los propietarios era fuerte. Hay casos de esclavos asesinados por sus exigencias de ser libres. Sólo le queda una solución: huir. Ella y su hija Sophia se refugian en casa de sus vecinos Isaac y Maria van Wagenen, que viven en Wagondale, en el condado de Ulster.

Los años Wagenen (1826-1828)

Isabella adoptó el nombre de Wagenen, convirtiéndose en Isabella Wagenen. Su sensibilidad la acercó a lo que hoy se conoce como pentecostalismo, inspiración por el Espíritu Santo, que ella también llamaba The Spirit, movimiento también conocido como *Perfección Cristiana*. El pentecostalismo deriva de la fiesta conocida como Pinkster (en), celebrada en particular por los afroamericanos esclavizados por propietarios miembros de la Iglesia Reformada Holandesa, que era ocasión de cantos, bailes y trances que, según el novelista James

Fenimore Cooper, eran similares a la saturnalia para los negros.

Estas celebraciones conmemoraban la liberación de los hebreos, con la que Isabella Wagenen se identificaba y que le reveló "la gloria de Dios". Esta revelación habría tenido lugar en el invierno de 1827, o más probablemente después de la fiesta de Pinkster celebrada en Pentecostés de 1827.

Isabella Wagenen, como muchos antiguos esclavos, sólo tiene una vaga noción del Credo. Lo que sabe del cristianismo se limita a los Diez Mandamientos y a historias sobre la vida, muerte y resurrección de Cristo. Por otro lado, proclama su cercanía, incluso intimidad, con Dios y con Jesucristo, a quien considera un amigo. Está convencida de que tiene una relación especial con él, de que sus visiones la preparan para recibir la "redención de Cristo".

También en 1827, mientras Isabella Wagenen trabajaba en Kingston, paseaba por la ciudad cuando oyó los cantos de una reunión metodista. Se acercó a la reunión y la invitaron a asistir. Isabella quedó impresionada por la acogida y la calidez de aquellos cristianos, y pasó a asistir a la Iglesia Metodista Episcopal de Saint James, en Kingston. Allí, por primera vez en su vida, entabló relaciones verdaderamente positivas con mujeres blancas, que la animaron a aprender. Isabella Wagenen tomó cursos de estudios bíblicos y descubrió la doctrina metodista y la Trinidad. Comprendió que Jesús era un ser divino, lo que reforzó su confianza en él.

Victoria en el juicio contra un traficante de esclavos (1828)

Su hijo Peter había sido vendido ilegalmente a un plantador de Alabama. En 1828, Isabella Wagenen, con la ayuda de algunos amigos cuáqueros, llevó a los tribunales al esclavista que lo retenía: El pueblo contra Solomon Gedney. Al ganar la custodia de su hijo, se convirtió en la primera mujer negra en ganar un caso contra un hombre blanco para obtener la libertad de un miembro de su familia.

Los años de Nueva York (1828-1835)

Isabella Wagenen asistía a la iglesia metodista de John Street (en) en Manhattan, donde entabló amistad con una maestra de escuela, la señorita Geer, quien le confirmó que Nueva York ofrecía oportunidades de trabajo para los afroamericanos, en particular para su hijo Peter. En septiembre de 1828, Isabella Wagenen dejó a los Wagenen para viajar a Nueva York con sus dos hijos, acompañada por el matrimonio Grear, todos ellos fervientes seguidores del movimiento de la *Perfección Cristiana*. Se ganaba la vida como empleada doméstica.

Para protegerse de un ambiente neoyorquino poco favorable a los afroamericanos, llevaba consigo una nota que certificaba su conversión al metodismo, aunque se desconocen las circunstancias exactas de esta conversión.

Cuando Isabella Wagenen se enteró de que los servicios de John Street iban a pasar a ser segregados, unos para blancos y otros para afroamericanos, se unió a una parroquia de la Iglesia Metodista Episcopal Africana (o AME), la de Harlem, que tiene su sede en la Mother African Methodist Episcopal Zion Church (en).

Nueva York, al igual que otras ciudades estadounidenses, se vio envuelta en una corriente de "reforma moral" que condenaba el consumo de alcohol, el juego y la prostitución, que conducían a la pobreza y la enfermedad. Los llamamientos a la reforma se dirigían a las mujeres como guardianas de los valores familiares y religiosos.

Elijah Pierson, el predicador callejero

En 1829 o 1830, la señorita Geer invitó a Isabella Wagenen a ir al distrito Five Points de Manhattan, una zona conocida por sus tugurios, chabolas y alto índice de delincuencia, para que predicara el amor de Dios. Wagenen se dio cuenta de que los habitantes de este distrito estaban especialmente necesitados de alimentos, ropa y una vivienda saludable. Fue durante estas visitas cuando oyó hablar del *Magdalen Asylum*, un refugio para mujeres sin hogar y prostitutas fundado por el predicador Elijah Pierson (en), conocido como el Tishbite (en). Este antiguo presbiteriano convertido en predicador callejero creó un movimiento estrictamente apegado a los Cinco Puntos del Calvinismo, derivado de la *Perfección Cristiana de la* austera *Sociedad del Retraimiento* y cercano al milenarismo y al mormonismo. Elijah Pierson afirmaba haber recibido una revelación divina como el profeta Elías. Se dice que Dios le concedió el don de curar las enfermedades y el miedo a la muerte. Fue para conmemorar esta revelación que tomó el nombre de *Tishbite*, que es el nombre dado al profeta Elías en el Antiguo Testamento. Elijah Pierson y su esposa Sarah Stanford Pierson predicaron especialmente para llamar a las prostitutas a la conversión. Fue en nombre de su fe que Elijah Pierson construyó el *Magdalen Asylum* en el Bowery. A pesar del sectarismo que reinaba entre los seguidores de Elijah Pierson, Isabella Wagenen veneraba su perfeccionismo radical y se apartó del metodismo para unirse a él. Es internada en el *Magdalen Asylum*. Al igual que los Pierson, Isabella Wagenen también predicaba en las calles a las prostitutas y rezaba regularmente con los Pierson en su casa.

Robert Matthews alias Matthias

En mayo de 1832, Isabella Wagenen y los Pierson fueron visitados por un hombre llamado Robert Matthews (en) que se hacía llamar Matías ("Matthew") como el último y duodécimo apóstol de Cristo y el evangelista. Se presenta a sí mismo como "Dios Padre con poder sobre todas las cosas". Robert Matthews, nacido en 1788, era un hombre de negocios que, tras ser educado como presbiteriano, se unió a la Iglesia Unida de Sión, también conocida como los *Hermanos del Río, una* síntesis del pietismo y el menonismo anabaptista. Robert Matthews afirma que se le ha encomendado la misión de revelar el verdadero cristianismo y la llegada del Reino de Dios a la Tierra, así como la condenación de los cristianos que condenan el movimiento de *la perfección cristiana*. También predica la reencarnación para los seguidores de la verdadera religión. Gracias a su abuela judía, afirma haber heredado el don de la profecía. Margaret, su esposa, cree que sus ideas proceden de Mardoqueo Manuel Noé, pero sus ideas sobre el Templo de Dios y la santa ciudad celestial, la Nueva Jerusalén, proceden del Libro del Apocalipsis. Al igual que uno de sus maestros, el perfeccionista presbiteriano Edward Norris Kirk (en), Robert Matthews era abolicionista. Empezó predicando en las calles de Albany, luego desapareció, para reaparecer en Nueva York. Aunque Elijah Pierson sospechó en un principio que Robert Matthews era un impostor, se dejó seducir por él y fue persuadido de combinar sus mensajes. Elijah Pierson se convirtió en el Juan Bautista de Robert Matthews para anunciar la llegada del reino de Dios, rebautizado como el

Reino de Mateo. Isabella Wagenen quedó impresionada por la personalidad de Robert Matthews, a pesar de que la Alta Iglesia concebía a las mujeres como demonios, brujas y seductoras. Con sólo una vaga noción del cristianismo, se dejó subyugar fácilmente por él y se arrodilló ante él besándole los pies. Trabajó para él durante varios años. Se alojó como sirvienta en el cuartel general de Robert Matthews, conocido como "*La colina de Sión*", en una granja cerca de Sing Sing perteneciente a Benjamin y Ann Folger. Isabella Wagenen participó en todas las ceremonias religiosas organizadas por Robert Matthews.

El fraude desenmascarado

Cada vez es más conocido que Robert Matthews utiliza el dinero de sus seguidores para darse la gran vida. También se sospecha que padece un trastorno bipolar, acompañado de violencia. Una familia de sus discípulos denunció su comportamiento a la policía, que acudió a su domicilio para detenerle. Isabella Wagenen, ingenua y leal, intentó protegerle, pero fue en vano. Robert Matthews es internado en el pabellón psiquiátrico del hospital Bellevue. Elijah Pierson e Isabella Wagenen consiguen que le den el alta. Sin embargo, empiezan a desconfiar de Robert Matthews y se distancian de él. Isabella Wagenen abandona el cuartel general de Robert

Matthews y regresa a Nueva York, donde la señorita Geer le encuentra un trabajo como criada.

Un juicio escandaloso

Elijah Pierson, que se alojó en *Zion Hill*, sufrió varias enfermedades que se hicieron cada vez más preocupantes a partir del verano de 1834. Sufría regularmente ataques de fiebre y pasaba días enteros postrado en cama. Robert Matthews y sus seguidores se negaron a llamar a un médico, creyendo que las dolencias de Elijah Pierson eran obra del diablo. Entonces, de repente, el 4 de agosto de 1834, Elijah Pierson murió. Las investigaciones revelaron circunstancias turbias, en un contexto de disputas financieras con Robert Matthews, pretensiones de Benjamin y Ann Folger de tomar el relevo de Elijah Pierson y acusaciones de relaciones sexuales. Benjamin y Ann Folger acusaron a Robert Matthews e Isabella Wagenen de asesinar a Elijah Pierson mediante envenenamiento. Fueron encarcelados y en el juicio, que comenzó el 18 de abril de 1835, Isabella Wagenen fue absuelta, ya que el tribunal no encontró pruebas de envenenamiento.

Asertividad

Isabella Wagenen se da cuenta de que ha sido manipulada tanto por Elijah Pierson como por Robert Matthews con sus falsas promesas de una amorosa comunidad de creyentes. Decide rechazar cualquier exégesis de la Biblia que no sea la suya y mirar con ojos críticos a los que dicen ser cristianos. La decepción y la mirada crítica permitirán a Isabella Wagenen imponerse.

El antiesclavista (1835-1843)

Los racistas de Nueva York

Los afroamericanos son insultados y golpeados regularmente por personas que no aceptan las leyes de emancipación del estado de Nueva York. Los servicios públicos rechazaban a los afroamericanos, al igual que las escuelas públicas rechazaban a sus hijos. Notables afroamericanos como Samuel Cornish, Thomas Van Renssalaer, James McCune Smith (en) y Charles Bennett Ray (en) denunciaron la discriminación que sufrían a manos de sus colegas blancos, que se negaban a admitirlos en clubes y asociaciones.

Iglesia Metodista Episcopal Africana de Sión

En un principio, Isabella Wagenen se retiró de toda participación política o social. Se instaló en Nueva York con sus dos hijos y se ganó la vida como cocinera, criada y lavandera. También asistía regularmente a la Iglesia Metodista Episcopal Africana de Sion, en Harlem.

Esta iglesia está dirigida por el obispo Christopher Rush, que pronuncia sermones decididamente antiesclavistas.

También fue presidente de la Phoenix Society (Nueva York), una sociedad antiesclavista que reunía a blancos y afroamericanos. También fue aquí donde Isabella Wagenen oyó hablar del editor afroamericano David Ruggles (en), que había creado una milicia de vigilantes afroamericanos, con sede en la iglesia episcopal metodista africana Zion, en Harlem.

Las predicadoras se enfrentan al machismo

En la iglesia de Zion, Isabella Wagenen entabló amistad con activistas afroamericanas como Eliza Day y Hester Lane (en), que combinaban la fe religiosa con la protesta social. Con ellas y otras, Wagenen participó en el *Ferrocarril Subterráneo* para ayudar a los esclavos fugitivos. Sus acciones fueron cuestionadas por hombres impregnados de prejuicios machistas. La revista *The Colored American* fustigaba a estas mujeres y pedía a sus maridos, compañeros y padres que las mantuvieran en casa y les encomendaran tareas domésticas. Muchas predicadoras como Jarena Lee, Zilpha Elaw (en), Rebecca Cox Jackson (en), Julia A. J. Foote (en) fueron rechazadas por los hombres en nombre de la moral victoriana imperante. Sólo William Lloyd Garrison hizo caso omiso de estos prejuicios abriendo las columnas de su periódico *The Liberator* a las mujeres. En enero de 1831, la afroamericana Maria W. Stewart (en) inauguró la columna "Ladies department" en The *Liberator*. Sus encendidos artículos sobre la emancipación de los afroamericanos, inspirados por su amigo David Walker, prefiguraron la prédica de Isabella Wagenen.

La influencia de Maria W. Stewart

Maria W. Stewart publicó su primer ensayo, *Religion and the Pure Principles of Morality,* en 1831, lo que la llevó a dar conferencias en clubes formados exclusivamente por mujeres afroamericanas, primero en Boston en abril de 1832. Se dirigió a los hombres en septiembre de 1832 y luego abandonó Boston para dirigirse a Nueva York, donde dio su primera conferencia el 21 de septiembre de 1833. En 1837 fue nombrada subdirectora de una escuela. Maria W. Stewart asistía a la iglesia episcopal de San Felipe, en Manhattan. Las diversas conferencias de Maria W. Stewart fueron copiadas y leídas por sociedades antiesclavistas y diversas iglesias, sobre todo afroamericanas. Fue así como Isabella Wagenen descubrió las ideas de Maria W. Stewart sobre los derechos de la mujer y la posibilidad de que las mujeres fueran predicadoras como Julia Pell.

Mujeres estadounidenses contra la esclavitud

Wagenen estuvo atenta al auge de la abolición de la esclavitud entre las mujeres estadounidenses, ya fueran blancas o negras. Las organizaciones femeninas mixtas más potentes fueron la Philadelphia Female Anti-Slavery

Society (en), entre cuyos miembros se encontraban las esposas de James Forten y Robert Purvis -asociación considerada también la cuna del feminismo estadounidense-, y la Boston Female Anti-Slavery Society (en), entre cuyos miembros se encontraban las hermanas Lucy M. Ball y Martha Violet Ball (en), las hermanas Weston, etc. Entre las mujeres blancas se encontraban Lucretia Mott y Abby Kelley, que más tarde se unirían a Isabella Wagenen.

En 1837 se celebró una convención de mujeres en una pequeña iglesia de la calle Houston de Nueva York. Fue la primera convención interracial a la que asistieron diez mujeres afroamericanas, algunas de las cuales eran conocidas de Wagenen. Entre ellas se encontraban Maria W. Stewart, Hester Lane (en) y las esposas de James Forten y Robert Purvis, que hablaron sobre sus experiencias de racismo. Angelina Emily Grimké leyó su panfleto *An Appeal to the Women of the Nominally Free States, un* manifiesto en el que pedía medidas para acabar con la esclavitud y el racismo. El llamamiento incluye el poema *We are thy sisters,* escrito por Sarah Louisa Forten Purvis para la ocasión.

La lucha de Isabella Wagenen contra la esclavitud

El primer acontecimiento decisivo fue el asesinato de Elijah Parish Lovejoy el 7 de noviembre de 1837 en Alton, Illinois. Este crimen fue cometido por una turba de racistas esclavistas que no soportaban sus condenas de los linchamientos, su creación de una sección de la Sociedad Antiesclavista Americana en Illinois y su periódico antiesclavista *The Saint Louis Observer*.

En 1839, Lewis Tappan organiza una reunión en la Broadway United Church of Christ bajo los auspicios de la American Anti-Slavery Society (AASS), a la que asisten cinco mil abolicionistas. En esta reunión, William Lloyd Garrison y David Ruggles consiguieron que se adoptara una resolución a favor de la plena participación de las mujeres en pie de igualdad con los hombres. Esta resolución fue uno de los motivos de una secesión en el seno de la AASS y Lewis Tappan creó la Sociedad Antiesclavista Americana y Extranjera. Aunque Isabella Wagenen estaba muy alejada de estos debates, la resolución de William Lloyd Garrison y David Ruggles le allanó el camino.

El segundo acontecimiento decisivo fue el asunto de la Amistad, que movilizó a los abolicionistas del mismo modo que el asesinato de Elijah Parish Lovejoy y confirmó el compromiso de Isabella Wagenen con la causa antiesclavista. Joseph Cinqué, que había dirigido la revuelta de la Amistad, inspiró la aparición de nuevos líderes en la comunidad afroamericana, como Charles Lenox Remond (en), Frederick Douglass y Henry Highland Garnet. Isabella Wagenen, que asistía a la Iglesia Unida de

Cristo de Broadway, escuchó a Joseph Cinqué relatar su heroico motín en noviembre de 1841. Para ella, fue un mensaje de Dios para movilizar sus fuerzas.

Isabella Wagenen se convierte en Sojourner Truth

Todos estos acontecimientos dejaron huella en Isabella Wagenen, y en 1843 decidió tomar el nombre de Sojourner Truth, que "vivía por la verdad y la justicia" y estaba impulsada por un espíritu de resistencia.

Las circunstancias exactas de este cambio de nombre no están claras. Parece que el 1 de junio de 1843, día de Pentecostés, participó en una reunión de oración. Al salir de la reunión, caminando hacia Long Island, recibió una llamada del Espíritu Santo para abandonar su vida ordinaria y abrazar una vida de servicio a una misión divina. Su nuevo nombre sería una celebración de su emancipación de la "casa de servidumbre", similar a la de los hebreos liberados por Dios de la esclavitud egipcia, y una condena de las ciudades de servidumbre, que como Sodoma serían destruidas por Dios. Su misión era proclamar a Dios como liberador de los oprimidos.

A su revelación siguió una adhesión al millerismo fundado por William Miller, pastor bautista, que anunció el segundo retorno de Cristo en 1844. Sojourner Truth siguió los pasos de otras predicadoras itinerantes, como las afroamericanas Zilpha Elaw y Harriet Livermore (en), convencidas de estar viviendo los últimos días de la humanidad. Otras figuras como Angelina Emily Grimké y Theodore Weld también comparten esta opinión. El abolicionista Gerrit Smith, que también suscribía la tesis del fin del mundo, acogió en su casa a Sojourner Truth y Harriet Tubman.

Sojourner Truth y el millerismo (1843-1844)

Sojourner Truth y William Miller

Los vínculos entre la decisión de Isabella Wagenen de adoptar el nombre de Sojourner Truth y el millerismo son necesarios para comprender su carrera. William Miller, nacido en 1782, era granjero en el condado de Washington, Nueva York. Robert Matthews también nació en este condado. Según la biógrafa Nell Irvin Painter, parece que se conocían y ambos se inspiraron en el dispensacionalismo difundido en Estados Unidos por John Nelson Darby. Esta teología, basada en la lectura del Libro de Daniel, establece los grandes periodos de salvación y la fecha del fin de los tiempos -o Día del Juicio Final-, cuando los que hayan pecado serán condenados a arder en el infierno. La misión de los dispensacionalistas es llamar al arrepentimiento al mayor número posible de pecadores para que puedan salvarse.

Antes de unirse al dispensacionalismo, William Miller era un ministro bautista abolicionista. Ya en 1831, comenzó a celebrar conferencias en las que profetizaba la venida de Cristo para condenar a los pecadores y glorificar a los santos. En enero de 1843, predijo que Cristo regresaría entre el 21 de marzo de 1843 y el 21 de marzo de 1844. El periódico *Midnight Cry* del 8 de junio de 1843, del que William Miller era editor, publicó un artículo de Joshua V. Himes, quien afirmaba que, según el Libro de Daniel, el fin de los tiempos comenzaría en 1843. Las señales de advertencia eran que la población estaba viviendo una "era de libertinaje".

Sojourner Truth, que escuchaba las conferencias de William Miller, se mostró cautelosa. Rechazó sus predicciones. Para ella, la venida de Cristo estaba condicionada a una era de perfección, aunque decía que "*el* Señor está tan cerca como puede estarlo". Prefería una presencia espiritual a una física. Su sabiduría inspira a la comunidad adventista de Windsor Locks.

El invierno de 1844

Sojourner Truth buscaba un lugar donde pasar el inminente invierno de 1844. Al principio, se sintió tentada a unirse a la comunidad Fruitlands (trascendentalismo), fundada por Amos Bronson Alcott, donde podría encontrar nuevas ideas sobre filosofía y espiritualidad. Siguiendo el consejo de unos amigos, acudió a una comunidad de Shakers fundada por la madre Ann Lee en Enfield, Connecticut. Pero sus prácticas extáticas y su desprecio por la sociedad despertaron la desconfianza de Sojourner Truth. Finalmente, optó por pasar el invierno de 1844 en una comunidad cooperativa de Northampton, Massachusetts.

Un sermón histórico de Sojourner Truth

La cautela escéptica de Sojourner Truth aumentó cuando el año 1844 terminó sin la realización del advenimiento de Cristo profetizado por William Miller. La comunidad millerista quedó atónita. Sojourner Truth fue invitada a hablar en varias ciudades. Después de Hartford y Cabotville, dio un sermón cerca de Springfield, Massachusetts, ante una asamblea de pastores confundidos. Explicó por qué el pueblo de Dios no debe tener miedo. Utilizó el Libro de Daniel para explicar que los hijos de Dios no deben temer vivir en medio del mundo corrupto simbolizado por Babilonia. Los pastores presentes se asombraron de que una afroamericana analfabeta pudiera utilizar su hermenéutica bíblica para refutar sus enseñanzas. Gracias a este sermón, se convirtió en una figura prominente con la que podían identificarse.

Asociación para la Educación y la Industria (1844-1846)

Una comunidad fourierista

La Northampton Association for Education and Industry, conocida actualmente como Ross Farm (Northampton, Massachusetts), es una de las 270 comunidades de inspiración fourierista de Estados Unidos. Fue fundada en 1842 por abolicionistas radicales y dirigida por George Benson (cuáquero), cuñado de William Lloyd Garrison. Desde su fundación, han dado conferencias en ella destacados abolicionistas, como Frederick Douglass, Theodore Weld, Henry Clarke Wright (en), Lucy Stone, Charles Burleigh (en), George Thomson, Charles Lenox Remond (en), Wendell Philips y Sylvester Graham.

Una comunidad implicada

Cuando Sojourner Truth se unió a la comunidad, ésta contaba con 210 miembros procedentes de ocho estados, sobre todo de Massachusetts y Connecticut. Frederick Douglass observó que había una verdadera vida democrática y fraternal, sin distinción de clase o raza. Sojourner Truth fue asignada a la lavandería. Allí conoció a abolicionistas feministas como el ministro metodista Giles Stebbins, James Boyle, David Ruggles, Lydia Maria Child y su marido, el periodista David Lee Child (en). Fue en esta comunidad donde conoció a Frederick Douglass, que había venido a ver a su amigo David Ruggles. También entabló amistad con un esclavo autoemancipado, Basil Dorsey (en). También se involucró en la red del Ferrocarril Subterráneo, siendo la comunidad un refugio-etapa para los esclavos afroamericanos que huían hacia la libertad. Les proporcionaba cobijo, comida, ropa y comodidad.

Amistades decisivas

Sojourner Truth forjó amistades duraderas con Frederick Douglass, clérigo, abolicionista y defensor de los derechos de la mujer, Parker Pillsbury (en) y Stephen Symonds Foster (en), abolicionista radical casado con Abby Kelley Foster, que se convirtieron en compañeros de viaje.

Sojourner Truth apacigua un conflicto

Durante una reunión comunitaria, unos matones interrumpen la asamblea silbando y abucheando. Los organizadores intentaron en vano calmarlos. La banda de matones, armados con bates y palos, se exaltó y amenazó con incendiar el lugar. El miedo se apoderó de la multitud.

Sojourner Truth, tras una oleada inicial de miedo, se enfrentó a los alborotadores. Subió a una plataforma y empezó a cantar en voz alta un himno que glorificaba la resurrección de Cristo. Cuando los matones la oyeron, se pararon en seco, pidieron a Sojourner Truth que siguiera cantando y le mostraron respeto religioso. Sojourner Truth se dio cuenta de que, detrás de todo ese alboroto y ese comportamiento antisocial, esos jóvenes necesitaban ser reconocidos y valorados. Empezó a hablar con ellos, respondiendo a cada una de sus preguntas, demostrando su capacidad para romper las barreras entre las personas.

El fin de la comunidad y la publicación de *Narrative of Sojourner Truth*

La comunidad, que atravesaba grandes dificultades financieras, se vio obligada a cesar sus actividades el 1 de noviembre de 1846. Esto supuso una gran decepción para Sojourner Truth, que había encontrado allí un lugar donde podía expresarse libremente y ser respetada. En recuerdo de aquellos "buenos tiempos", George Benson acogió a Sojourner Truth y a su hija Sophia en su casa familiar, donde ella trabajó como institutriz. En abril de 1850, Samuel Hill, uno de los fundadores de la comunidad, le vendió una parcela de tierra de la comunidad por 300 dólares para saldar deudas. Algunas personas, probablemente Sarah Benson o Dolly Stetson, la presentaron a Gilbert Olive. Éste se ofreció a escribir su biografía, siguiendo el ejemplo de la autobiografía de Frederick Douglass *A Narrative of the Life of Frederick Douglass, an American Slave, que fue* un éxito desde el momento de su publicación. Sojourner Truth estuvo de acuerdo. Las diversas entrevistas que Gilbert Olive había realizado con ella se recopilaron y publicaron en 1850 bajo el título *Narrative of Sojourner Truth*. William Lloyd Garrison se encargó de la publicación a través del impresor de su periódico, *The Liberator*, George Brown Yerrinton, que también era el editor de *Narrative of the Life of Frederick Douglass, an American Slave*. Gracias a los beneficios de las ventas del libro, Sojourner Truth pudo pagar la construcción de su casa.

El renacimiento

Evangelicalismo y derechos de la mujer

En 1849, Sojourner Truth fue invitada a hablar en un congreso de la American Anti-Slavery Society en Nueva York. Recordó las pruebas que había tenido que soportar desde su emancipación, cómo la fe la había salvado, le había dado confianza en sí misma y había conformado su visión evangélica.

Sojourner Truth añadió a su prédica evangélica la reivindicación de los derechos de la mujer, que reiteraba con regularidad en reuniones como las de la American Anti-Slavery Society. En otras reuniones, como la de 1850, pronunció el mismo discurso en un encuentro sobre los derechos de la mujer celebrado en Worcester (Massachusetts), una reunión que seguía los pasos de la Convención de Seneca Falls de 1848, organizada por Elizabeth Cady Stanton, Lucretia Mott y otras. También estuvo presente Amy Post (en), que se convirtió en compañera de viaje de Sojourner Truth.

La Ley del Esclavo Fugitivo de 1850

Para frenar el éxodo de esclavos fugitivos ayudado por los norteños, el Congreso, predominantemente demócrata, aprobó la Ley del Esclavo Fugitivo en 1850. Entre otras cosas, estipulaba que cualquier agente de policía podía ser multado con hasta 1.000 dólares por negarse a detener a un presunto esclavo fugitivo. Obliga a todos los agentes de la ley a detener a cualquier sospechoso de ser un esclavo fugitivo, sin que el propietario tenga que demostrar su propiedad. Los sospechosos ya ni siquiera pueden acudir a los tribunales para defenderse. Por último, cualquier persona que ayude a un fugitivo proporcionándole cuidados o incluso comida puede ser condenada a seis meses de prisión y una multa de hasta 1.000 dólares.

Esta ley despertó ira y protestas de todo tipo y fomentó la aparición de nuevas figuras, sobre todo entre las mujeres afroamericanas, como Mary Ann Shadd Cary, Harriet Tubman, Frances Ellen Watkins y Sojourner Truth.

Truth afirmó que esta ley inicua suscitaba una protesta moral, que era contraria al bien de la humanidad y al espíritu de la Constitución. Reiteró sus convicciones en diciembre de 1850 en una reunión celebrada en Plymouth, Massachusetts, a la que también asistieron Frederick Douglass, George Thompson, William Lloyd Garrison y Charles Burleigh. En la reunión, que celebraba el bicentenario de la llegada de los Padres Peregrinos, todos dejaron claro que la Ley de Fugitivos era contraria al espíritu de los peregrinos y a la ley divina. Frederick

Douglass era pesimista y temía que sólo una guerra pondría fin a las controversias.

La Convención de Mujeres de Ohio de 1851 en Akron

Sojourner Truth dejó Massachusetts para trabajar en el estado de Ohio, donde se habían asentado muchos esclavos fugitivos y que era famoso por el Oberlin College, la primera universidad que admitió estudiantes afroamericanos. Fue en Salem, en 1850, donde se celebró una de las primeras convenciones sobre los derechos de la mujer. Surgieron violentas controversias sobre los derechos de las mujeres y los afroamericanos. Frances Dana Barker Gage exigía la igualdad total con los hombres, mientras que Jane Grey Swisshelm pedía el reconocimiento de los derechos de las mujeres en función de sus diferencias con los hombres. Ella contraponía la fuerza brutal de éstos a la elegancia, delicadeza y finura de las mujeres. Del mismo modo, en la cuestión de la esclavitud, Frances Dana Barker Gage vinculó la emancipación de los esclavos a la de las mujeres. Jane Grey Swisshelm, aunque abolicionista, se oponía a ello, pues creía que ambas cuestiones debían tratarse por separado. Las polémicas entre estas dos mujeres se publicaron en el periódico *Saturday Visitor*. Jane Grey Swisshelm criticó la presencia de Frederick Douglass y Sojourner Truth en una reunión sobre los derechos de la mujer celebrada en Worcester en 1850, ya que sus discursos habían introducido la cuestión del color de la piel en el debate. Para Jane Grey Swisshelm, las mujeres afroamericanas debían defenderse como mujeres, independientemente del color de su piel. Sus posturas conservadoras fueron fuertemente contestadas incluso por las feministas. El pastor Parker Pillsbury recordó a Jane Grey Swisshelm en el *Saturday Visitor que las* cuestiones de raza y derechos de la mujer no podían ignorarse.

Fue en este clima tenso cuando Sojourner Truth, apoyada por el pastor Marius Robinson (en), se invitó a sí misma a hablar en la Convención por los Derechos de la Mujer de Ohio, celebrada en la Iglesia Unitaria de Akron los días 28 y 29 de mayo de 1851. La reunión fue organizada por Frances Dana Barker Gage y Hannah Tracy Cutler. Se preguntaron quién era esa mujer afroamericana que quería hablar -algo poco habitual-, así que la invitaron a una entrevista. Sojourner Truth les regaló su biografía escrita por George Benson *Narrative, y* cada una de ellas compró un ejemplar. Sin embargo, tanto Frances Dana Barker Gage como Hannah Tracy Cutler le dijeron que nadie la conocía y se mostraron escépticas sobre cómo sería recibida.

El famoso *Ain't I a Woman?*

Cuando Sojourner Truth pronunció su discurso en la Convención de Akron, *Ain't I a Woman?*, habló de su experiencia como esclava, pero sobre todo de su lucha como mujer; denunció los estereotipos del "sexo débil" basados en la supuesta superioridad de los hombres; afirmó que las mujeres eran capaces de hacer todo lo que hacían los hombres e incluso más; refutó a los clérigos que utilizaban la Biblia para justificar la subordinación de las mujeres a los hombres.

Existen varias versiones de este texto, quizá titulado *Ain't I a Woman? (¿No soy una mujer?)* por la repetición de esta frase en su discurso. Tuvo un gran éxito y fue objeto de varios artículos positivos, en el periódico de Ohio *The Anti-Slavery Bugle (en)* y otros, escritos por Frances Dana Barker Gage, Elizabeth Cady Stanton, Susan B. Antony y Matilda Joslyn Gage. En 1863, Harriet Beecher Stowe escribió un artículo para el *Atlantic Monthly* titulado *Sojourner Truth, the Lybian Sybil*.

Creciente oposición

En la década de 1850 creció la oposición entre los estados abolicionistas del Norte y los estados esclavistas del Sur. La Ley del Esclavo Fugitivo de 1850 regulaba la extradición de los esclavos fugados y su devolución a sus dueños. Ese mismo año, el Compromiso de 1850, redactado por los senadores Henry Clay y Daniel Webster, definió: la entrada de nuevos Estados en la Unión (como California); la demarcación de la frontera entre Texas y el Territorio de Nuevo México; el refuerzo de la Ley de Esclavos

Fugitivos de 1850; la prohibición del comercio de esclavos en el Distrito de Columbia y el establecimiento de un gobierno para el Territorio de Utah. Los territorios de Nuevo México y Utah podrían decidir si mantenían o abolían la esclavitud cuando fueran admitidos. La novedad, que provocó el debate, fue que a partir de ahora los nuevos territorios y estados decidirían por sí mismos si autorizaban o no la esclavitud, lo que era contrario al Compromiso de Missouri de 1820. Esto era contrario al Compromiso de Misuri de 1820, que trazaba la frontera entre los estados esclavistas y los estados abolicionistas a lo largo del paralelo 36° 30': al norte de esta línea los estados eran abolicionistas, al sur eran esclavistas. El Compromiso también facilitó el regreso de los esclavos que se habían refugiado en los estados del norte, aunque se hubieran emancipado.

Lejos de calmar las tensiones, el Compromiso de 1850 despertó la ira de los abolicionistas del Norte y de los afroamericanos, que se organizaron para luchar contra lo que consideraban un acto inicuo. En Boston, Nueva York, Filadelfia y Pittsburgh, figuras abolicionistas como Samuel Ringgold Ward (en), Robert Purvis, Martin Delany y Frederick Douglass movilizaron a la opinión pública. En este clima, Sojourner Truth tomó la palabra, junto a Frederick Douglass o en su propio nombre, en la convención de la *Sociedad Antiesclavista de Nueva Inglaterra*.

La huida de los afroamericanos

Muchos esclavos fugitivos, como Harriet Tubman, ya no se sentían seguros y huyeron de Estados Unidos para buscar refugio en Canadá. Martin Delany sostenía que los afroamericanos no tenían nada que esperar de Estados Unidos y que su única esperanza era emigrar a otros países. En 1854 organizó y presidió la primera convención nacional de emigración en Cleveland. Sojourner Truth se alarmó por este aumento de la exasperación, temiendo que los afroamericanos se vengaran de los blancos sin distinción. El 8 de septiembre de 1853 se celebró en Nueva York una convención sobre los derechos de la mujer, en la que tomó la palabra para decir lo mucho que se sentía neoyorquina y se describió a sí misma como ciudadana de Nueva York. Y a pesar de la sentencia Scott v. Sandford de 1857, que estipulaba que cualquier estadounidense de ascendencia africana, esclavo o libre, no podía ser ciudadano estadounidense, mantuvo su postura. Ella compara al Tribunal Supremo en el Congreso con el rey persa Asuero en el Antiguo Testamento, combatido por Ester. Sojourner Truth habla de Ester como mujer y como judía perteneciente a un pueblo oprimido. Su metáfora no pasa desapercibida. Muchos estadounidenses se saben la Biblia de memoria, entre ellos Abraham Lincoln y William Lloyd Garrison. Compara la compasión del rey Asuero hacia Ester y el pueblo judío con la sequedad de corazón del Congreso y el Tribunal

Supremo. Repite que no desea ver muertos a los enemigos de los judíos, las mujeres o los afroamericanos, pero que su pueblo maltratado y humillado exige respeto, no venganza. A diferencia de Frederick Douglass, que creía que la esclavitud acabaría con un derramamiento de sangre, Sojourner Truth creía que acabaría con la no violencia.

La crisis

Mientras Sojourner Truth hablaba incansablemente en reuniones antiesclavistas y feministas, la publicación de La *cabaña del tío Tom*, de Harriet Beecher Stowe, en 1852, inflamó la opinión abolicionista. En cuanto se publicó, Sojourner Truth lo hizo leer. Sojourner Truth y Harriet Beecher Stowe asistieron codo con codo a varias reuniones. La cuestión de los negros se convirtió en predominante.

La opinión abolicionista también se inflamó con el ahorcamiento de John Brown, que se convirtió en un héroe antiesclavista, como demostró una reunión celebrada en Boston en 1860 para celebrar la memoria de John Brown.

Tras la victoria de Abraham Lincoln en las elecciones presidenciales estadounidenses de 1860, los abolicionistas se hicieron más fuertes. Sojourner Truth, que había apoyado públicamente a Abraham Lincoln, se unió a Laura Smith Haviland (en), Josephine Sophia White Griffing (en), Frances Titus (en) Parker Pillsbury, Giles Badger Stebbins y otras figuras abolicionistas para celebrar una reunión organizada por la Sociedad Antiesclavista de Michigan (en). El objetivo de la reunión era presionar a la plataforma republicana de Lincoln para que denunciara la esclavitud y diversas leyes como la Ley del Esclavo Fugitivo. Los abolicionistas buscaban una ruptura radical con la política del presidente James Buchanan, que había defendido la política esclavista de los estados del Sur. Sin embargo, desde la secesión de Carolina del Sur, el gobierno de Lincoln fue incapaz de adoptar un programa abiertamente antiesclavista que agravara la crisis. La Ley de Esclavos Fugitivos de 1850 se convirtió en la piedra de toque entre republicanos y demócratas; tocarla era una causa legítima de resistencia al gobierno.

La Guerra Civil estadounidense (1861-1865)

El contexto

En febrero de 1861, poco después de la toma de posesión de Abraham Lincoln, siete estados se separaron y formaron una Confederación, que nombró un gobierno. El 12 de abril de 1861, tropas del ejército de los Estados Confederados bombardearon Fort Sumter, cerca de Charleston, en Carolina del Sur. Este fue el comienzo de la guerra civil conocida como la Guerra Civil Americana. Cuando Sojourner Truth se enteró de la noticia de la batalla de Fort Sumter, estaba en Michigan y, aunque nunca había querido la guerra, apoyó sin reservas a las tropas del norte del ejército de la Unión. Al igual que Frederick Douglass, vio en el conflicto una oportunidad para poner fin a la esclavitud y para que los afroamericanos lucharan por su libertad. Ya no era el momento de denunciar la esclavitud, sino de apoyar a la Unión y a su ejército.

Amenazas del Sur

Poco después, Sojourner Truth y Josephine Sophia White Griffing, tras intervenir en una conferencia organizada por abolicionistas en Indiana, fueron testigos de disturbios entre sureños y norteños. Cuando quisieron hablar en Angola, una turba las insultó, las amenazó de muerte y quiso incendiar el hotel donde se alojaban. Necesitaron la protección de la Guardia Nacional (Unión) para evitar ser linchados. Ambas viajaron por el condado de Steuben (Nueva York), hablando en asambleas de mujeres para denunciar la esclavitud y a los rebeldes (del Sur), y diciendo que lo harían hasta el final de la guerra.

Encuentro con Abraham Lincoln

A pesar de la cautela diplomática de Abraham Lincoln, reiteraron que lo que estaba en juego en la guerra era la esclavitud y su abolición. Cuando, en abril de 1862, el Congreso liberó a todos los esclavos que vivían en el Distrito de Columbia, hubo una explosión de alegría entre los abolicionistas. Sojourner Truth se unió a los Progressive Friends of Longwwod para presentar un escrito al presidente Lincoln sobre la emancipación de los esclavos, el primer encuentro entre Abraham Lincoln y Sojourner Truth.

La proclamación de la emancipación en todos los territorios y las exacciones

El 18 de junio de 1862, Abraham Lincoln firmó una declaración por la que se abolía la esclavitud en los territorios y el 17 de julio de 1862 firmó una declaración que se convirtió en ley por la que se liberaba a todos los esclavos fugitivos. A continuación, junto con su Secretario de Estado William Henry Seward y su Secretario del Tesoro Salmon P. Chase, estudió el contenido de una proclamación por la que se abolía la esclavitud en todo Estados Unidos, de modo que pudiera estar lista para enero de 1863. Los diversos éxitos militares contra los ejércitos confederados eliminaron todos los obstáculos. El 31 de diciembre de 1862 se celebró en el Tremont Temple de Boston una asamblea representativa de abolicionistas blancos y afroamericanos. La reunión estuvo presidida por William Cooper Nell y asistieron, entre otros, Frederick Douglass, John Rock (abolicionista) William Lloyd Garrison, Harriet Beecher Stowe, William Wells Brown y Charles Bennett Ray. Todos ellos conocían el contenido y la fecha de la proclamación presidencial y rezaron por su éxito. La Proclamación de Emancipación del presidente Abraham Lincoln se emitió el 1 de enero de 1863. Cuando Sojourner Truth se enteró de la noticia, ella y sus amigos celebraron "El glorioso día de la emancipación" y "El principio del fin".

En Nueva York, un gran número de residentes -en su mayoría irlandeses-estadounidenses que simpatizaban con los sureños y alentados por el gobernador del estado de Nueva York, el demócrata Horatio Seymour, y el alcalde de Nueva York, Fernando Wood- se amotinaron entre el 13 y el 16 de julio de 1863. Para estos neoyorquinos, la Proclamación de Emancipación era la confirmación de que la guerra era la guerra de los "negros", una guerra en la que no querían participar. Las multitudes prendieron fuego al Asilo de Huérfanos de Color, muchos afroamericanos fueron colgados de farolas y otros linchados, en un furor por eliminar cualquier presencia de afroamericanos en la ciudad de Nueva York. La élite afroamericana, médicos, pastores, profesores y escritores fueron perseguidos; muchos fueron linchados, ahorcados, lapidados, quemados vivos y las mujeres violadas. Los policías o soldados que intentaron proteger a los afroamericanos fueron apaleados hasta la muerte. El gobernador Horatio Seymour se dirigió a los alborotadores como "sus amigos". Isaiah Rynders pidió la destrucción de los edificios que publicaban periódicos que apoyaban la política de Abraham Lincoln. El número de muertos se estimó en 663, pero la policía contabilizó 120, entre ellos 106 afroamericanos. Sojourner Truth llevó ayuda y consuelo a los supervivientes de la masacre.

Apoyo a las tropas afroamericanas

La Proclamación de Emancipación de 1863 abrió las puertas del ejército de la Unión a los afroamericanos, que acudieron en masa. Figuras afroamericanas como

Frederick Douglass, Charles Lennox Remond, Williams Wells Brown, Martin Delany, Henry McNeal Turner, Josephine St. Pierre Ruffin, Harriet Jacobs y Mary Ann Shadd Cary celebraron mítines para animar a los afroamericanos a alistarse.

Los dos hijos de Frederick Douglass y uno de los hijos de Martin Delany se alistaron en el 54º Regimiento de Infantería de Massachusetts, creado en la primavera de 1863 y comandado por Robert Gould Shaw. El regimiento fue contratado por Sojourner Truth. Cuando partió hacia las Islas del Mar el 28 de mayo de 1863, se le unió una mujer desconocida, Harriet Tubman, que sería revelada por la prensa por su papel de exploradora y luego espía para el alto mando del ejército de la Unión. Periódicos y revistas citaban regularmente a Harriet Tubman y Sojourner Truth como las dos mujeres afroamericanas más notables.

Sojourner Truth estaba convencida de que el alistamiento de afroamericanos era una forma de poner fin rápidamente a la Guerra Civil. Inmediatamente se embarcó en una gira por el Medio Oeste para apoyar el esfuerzo bélico del ejército de la Unión.

A finales de 1863, Sojourner Truth, de vuelta en su casa de Battle Creek, hizo un llamamiento a sus amigos y vecinos para que proporcionaran suministros y alimentos a los soldados de la Unión. Viajó a Detroit para ofrecer la cena de Acción de Gracias al 102º Regimiento de Infantería de Color de los Estados Unidos (en) estacionado en Camp Ward. Sojourner Truth reiteró con orgullo su apoyo a los soldados afroamericanos que se habían alistado en el ejército de la Unión.

La reelección de Abraham Lincoln

A partir de septiembre de 1864, Sojourner Truth se implicó en la campaña para la reelección de Abraham Lincoln, en particular con sus amigos cuáqueros de Nueva Jersey. Viajó entonces a Washington, donde se reunió con Jane Grey Swisshelm, Elizabeth Keckley, confidente y modista personal de Mary Todd Lincoln, la esposa del presidente Abraham Lincoln, que dirigía la *Asociación de Ayuda al Contrabando que* ella había fundado en 1862. Gracias a Elizabeth Keckley y Lucy N. Colman, se concertó una reunión en la Casa Blanca entre ellas, Sojourner Truth y el presidente Abraham Lincoln. La reunión tuvo lugar a las 8 de la mañana del 29 de octubre de 1864.

Esta audiencia fue una oportunidad para que estas dos personalidades se reconocieran y respetaran mutuamente.

La Oficina de Liberados (1864-1868)

Terminada la Guerra Civil, Sojourner Truth y sus amigas Josephine Griffing y Laura Smith Haviland (en) se implicaron en la defensa de los libertos a través de la Oficina de Refugiados, Libertos y Tierras Abandonadas, más conocida en su forma abreviada como Oficina de Libertos. Se trata de una agencia gubernamental creada por iniciativa del difunto Presidente Lincoln, aprobada por el Congreso en 1865 y dirigida por el General Oliver Otis Howard. Su sede se encuentra en Nueva York. La misión de la agencia era ayudar a los esclavos liberados proporcionándoles raciones diarias y ropa, atención médica, ayuda para localizar a sus familiares, educación mediante la creación de escuelas y la Universidad Howard, y la formación de profesores afroamericanos. La agencia también tenía plena autoridad para distribuir las tierras confiscadas a los sureños.

Desde que Andrew Johnson llegó a la presidencia después de Abraham Lincoln, los créditos para financiar la Oficina de Liberados se habían reducido y este presidente demócrata permitió que los estados del Sur establecieran nuevas leyes, los Códigos Negros, que limitaban los derechos de los libertos. Con este telón de fondo, Sojourner Truth y sus amigos se unieron al pueblo de la Freedmen's Bureau en Arlington Heights, Virginia, dirigido por el capitán George B. Carse. La Oficina había establecido un hospital que distribuía alimentos y ropa, así como ofertas de trabajo, a las 250 familias afroamericanas bajo su jurisdicción. Pero Sojourner Truth observó que la desnutrición les dejaba en un estado de dependencia que ahogaba cualquier espíritu de iniciativa, lo que iba en contra de sus convicciones de que los afroamericanos necesitaban emanciparse por sí mismos. Para apoyar esta emancipación, en julio de 1866 dictó una carta a su amiga Amy Post, que vivía en Rochester, para que la ayudara a organizar y llevar a cabo su proyecto de familias voluntarias. Además, Sojourner Truth, Josephine Griffing y Julia Wilbur (en) dirigieron una campaña contra la Villa de Arlington, denunciando las actitudes de los funcionarios de la Oficina que negaban las aspiraciones y necesidades de los afroamericanos y trabajaban sólo por sus sueldos. Esta campaña condujo al cierre del pueblo en 1868.

Organización de la sucesión del Freedmen's Bureau (1867-1868)

Sojourner Truth, Josephine Griffing y Julia Wilbur buscaron la forma de dar trabajo a los afroamericanos de la Oficina de Refugiados del pueblo de Arlington Heights.

A partir de la primavera de 1867, los enviaron a estados como Michigan y Nueva York, más favorables al empleo. Sojourner Truth regresó a su hogar en Battle Creek, Michigan, donde consiguió dar trabajo a un centenar de refugiados. Por su parte, Josephine Griffing consiguió colocar entre trescientos y quinientos refugiados entre 1866 y 1868. Gracias a los esfuerzos combinados de la Freedmen's Bureau y a las iniciativas de Sojourner Truth, Josephine Griffing, Julia Wilbur y otros, se contrató a más de 8.000 refugiados en las zonas de Battle Creek, Brockport, Rochester y Providence. Estas buenas cifras no eran satisfactorias porque, para que las operaciones tuvieran éxito, los empleadores debían aceptar emplear en el mismo lugar a todos los miembros de una misma familia en edad de trabajar, pero los hombres eran enviados a granjas y las mujeres empleadas en el servicio doméstico. Muy pocos emplean a personas mayores, dejándolas en la pobreza. Esta fragmentación de las familias afecta a su moral.

Derecho de voto de las mujeres

En 1866, Sojourner Truth se unió a la Liga Nacional de Mujeres Leales (en) fundada en 1863 por Susan B. Anthony y Elizabeth Cady Stanton. La misión principal de esta organización era apoyar económicamente los esfuerzos bélicos del Ejército de la Unión durante la Guerra Civil estadounidense y la Decimotercera Enmienda a la Constitución de Estados Unidos. Tras la guerra, la Liga Nacional Leal de Mujeres centró su atención en la defensa de los derechos de la mujer y, en particular, en la obtención del derecho al voto femenino. Sojourner Truth se sintió aislada como mujer afroamericana que defendía los derechos de las mujeres negras. Susan B. Anthony le envió una carta en enero de 1866 en la que le informaba de que iba a añadir su nombre a una petición redactada por ella misma, Elizabeth Cady Stanton y Lucy Stone y dirigida a los miembros del Congreso que habían creado la Comisión de Derechos de la Mujer.

En 1867, Sojourner Truth intervino en la convención de la Asociación Estadounidense por la Igualdad de Derechos, donde llamó la atención sobre la difícil situación de las mujeres de color recién liberadas, reiterando el vínculo entre los derechos de las mujeres blancas y los de las mujeres negras.

Este movimiento de los abolicionistas hacia los derechos de la mujer tras la Guerra Civil fue compartido también por figuras afroamericanas como Frederick Douglass, Josephine Griffing, Charles Lenox Remond, Robert Purvis y otros. Fue un movimiento en el que negros y blancos se unieron. Los derechos de las mujeres repercutieron en su salario, sus derechos sucesorios, la custodia de sus hijos, el acceso a la educación universitaria y la elección de su carrera profesional.

¿Tierras reservadas a los afroamericanos en América o en Liberia?

La controvertida colonización de Liberia

En 1870, constatando el estado de exclusión y pobreza de los libertos, Sojourner Truth hizo publicar un artículo en el *New York Tribune en* el que decía que se dedicaba a encontrar tierras para los afroamericanos, donde encontraran los medios para vivir por sí mismos y para sí mismos - indicando que había suficientes vastos territorios disponibles en el Oeste americano más allá del Mississippi. Si existen reservas para los amerindios, ¿no sería posible hacer lo mismo para los libertos y resolver así la cuestión de los refugiados y el coste de la financiación de los campos de refugiados? La propuesta de Sojouner Truth está ligada a su creencia en la capacidad de los afroamericanos para ser autónomos liberándose de su dependencia de la ayuda gubernamental. Una solución que le pareció más sencilla que el trasplante a Sierra Leona o la colonización de Liberia, propuesta por Paul Cuffe en 1815 y por la American Colonization Society (ACS) en 1816. Este proyecto, rápidamente criticado por los líderes de la comunidad afroamericana (Richard Allen, Absalom Jones, James Forten), fue sin embargo retomado tras la Guerra de Secesión por Henry McNeal Turner y otros, que veían en él una oportunidad para los afroamericanos de vivir en libertad con derechos civiles. Esta idea fue rechazada por Sojourner Truth.

Un contexto de violencia

Su preocupación también surgió en un contexto de creciente violencia por parte del Ku Klux Klan y otras organizaciones supremacistas que sembraban el terror entre los afroamericanos. Esta observación fue compartida por Henry Adams y Benjamin "Pap" Singleton, quienes se unieron a Sojourner Truth en su petición al Congreso para encontrar territorios desocupados en América que pudieran ser colonizados por afroamericanos. Esta petición también fue apoyada por su amigo de Boston, el reverendo Gilbert Haven. En marzo de 1870, Sojourner Truth viajó a Washington, donde se reunió con el presidente Ulysses S. Grant y varios senadores republicanos como Charles Charles. Grant y varios senadores republicanos, como Charles Sumner, Henry Wilson, George Washington Julian (en) y el senador negro Hiram Rhodes Revels, para promover su proyecto. El 1 de enero de 1871, Sojourner Truth intervino en una reunión celebrada en el Tremont Temple (en) de Boston con motivo del octavo aniversario de la Proclamación de la Emancipación, donde presentó su propuesta. La reunión fue organizada por la American Temperance Society, representantes de las Freedmen's Schools y presidida por William Wells Brown.

El proyecto de establecerse en el Oeste americano

Durante su discurso, Sojourner Truth repitió enérgicamente su idea de asentar a los afroamericanos en los territorios disponibles en el Oeste americano más allá del Mississippi, en lugar de dejarlos en los campos gestionados por la Freedmen's Bureau, y pidió apoyo para su petición. En febrero de 1871, el reverendo Gilbert Haven publicó su petición en las columnas de su periódico, *Zion's Herald, que* desde entonces se ha convertido en *The Progressive Christian (en)*, un periódico publicado en Boston. El éxito de la petición llevó a Horace Greeley a publicarla en su periódico, el *New York Tribune, en marzo de* 1871, antes de publicarla finalmente en el *National Anti-Slavery Standard*.

En junio de 1871, Sojourner Truth regresó a Battle Creek para escriturar la compra de su casa en College Avenue y pagar la hipoteca. Una vez hecho esto, viajó a Detroit para seguir apoyando sus planes de establecerse en el Oeste americano. Durante su visita, el Detroit *Daily Post* elogió su compromiso tanto con la abolición de la esclavitud como con los derechos de la mujer, y adjuntó su petición al informe de su conferencia. También recibió el apoyo del reverendo Charles C. Foote (en), capellán de las prisiones de Detroit, que se encargó de recoger las peticiones firmadas y enviarlas a Washington.

Localización de territorios en Kansas

En una carta fechada el 31 de diciembre de 1870, Byron M. Smith, de Topeka, en el estado de Kansas, invitó a Sojourner Truth a viajar hasta allí, con todos los gastos pagados, para presentarle las posibilidades de asentamiento. En septiembre de 1871, Sojourner Truth tomó el tren para aceptar su invitación y ambos viajaron por Kansas durante cinco meses. Ella daba regularmente charlas sobre los asentamientos, los derechos de la mujer y la lucha contra el alcoholismo, repitiendo que el derecho al voto de la mujer pondría fin al mal gobierno y a la corrupción que socavaban la vida política. Los resultados de esta gira fueron decepcionantes. Ni Sojourner Truth ni Byron M. Smith fueron capaces de establecer ninguna base concreta para poner en marcha las operaciones, probablemente debido a la falta de compradores con los fondos necesarios. Al final, el proyecto siguió siendo tan vago como lo había sido en 1871.

El regreso a Battle Creek, el abandono del proyecto de establecerse en América

Sojourner Truth y sus amigos siguen recogiendo firmas para su petición. Con este fin, viajó por todo Michigan para celebrar conferencias en Detroit, Grand Rapids, Kalamazoo, Saginaw, Ann Harbor y Adrian, y al mismo tiempo hizo campaña en apoyo de su candidato presidencial, Ulysses S. Grant. Grant fue reelegido, lo que le permitió descansar durante el invierno de 1872-1873. En la primavera de 1873, reanudó su trabajo en favor de los asentamientos y, al mismo tiempo, ayudó a los habitantes de Detroit y Grand Rapids a fundar una sección local de la Woman's Christian Temperance Union y una sección de la Order of the Eastern Star. Después de tres años de campaña a favor de su proyecto de asentamiento, fue a Washington y, con el apoyo de su amigo el general Oliver Otis Howard, dictó una carta a Benjamin Franklin Butler, miembro de la Cámara de Representantes y general de la Guerra Civil, solicitando financiación para su proyecto. Benjamin Butler envió a su vez una carta a Charles Sumner, miembro del Senado. A pesar de los esfuerzos conjuntos de Sojourner Truth y Benjamin Butler, el proyecto de asentamiento nunca se presentó al Congreso. Finalmente, Sojourner Truth lo abandonó en la primavera de 1874.

La enfermedad y el final de su carrera

A finales de 1874, Sojourner Truth cayó enferma, una hemiplejía le paralizó todo el lado derecho y le aparecieron úlceras en la pierna que nunca desaparecerían. En vista de su estado, su amigo el Dr. John Harvey Kellogg la ingresó en su sanatorio de Battle Creek, donde el personal médico le dispensó los mejores cuidados posibles. A pesar de su enfermedad, reanudó su ciclo de conferencias de 1878 a 1880. Éstas fueron transcritas y publicadas en la prensa, especialmente por *The Christian Recorder (*Filadelfia), órgano de la Iglesia Metodista Episcopal Africana, *The Woman's Tribune (*vinculado a la Asociación Americana por el Sufragio Femenino), el *Chicago Inter Ocean, etc.* En 1880, aunque ya no podía desplazarse, la gente la visitaba en su casa de Battle Creek, donde estaba rodeada de sus hijas, que la cuidaron hasta su muerte en 1883. Hasta sus últimos momentos, se mostró alegre con sus visitantes, sobre todo con los periodistas, y nunca perdió el sentido del humor.

Política de privacidad

Sojourner Truth murió de agotamiento en su último hogar, Battle Creek, el 26 de noviembre de 1883. Sus últimas palabras fueron "sigue las enseñanzas de nuestro Señor Jesús". Fue enterrada en el cementerio *Oak Hill* de Battle Creek.

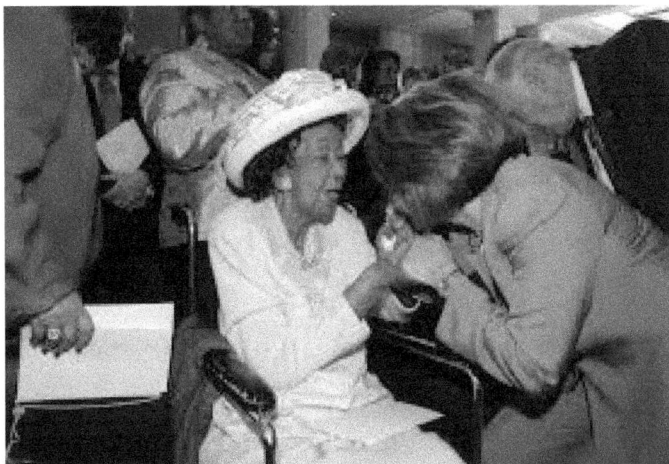

Transcripciones escritas por Sojourner Truth

Las siguientes obras son ediciones críticas de referencia, sin perjuicio de otras ediciones.

Versión bilingüe inglés-francés

- Sojourner Truth (trad. Françoise Bouillot, pref. Pap Ndiaye), *Et ne suis-je pas une femme? = ¿Y yo no soy una mujer?* (discurso), París, Payot, 2021, 141 p. (ISBN 9782228928632, leer en línea)

En americano

- (en-US) Gilbert Olive & Frances W. Titus (eds.), *Narrative of Sojourner Truth*, Salem, New Hampshire, Ayer Company Publisher / Beaufort Books (repr. 1878, 1974,) (1 ed. 1850), 320 p. (ISBN 9780405018411, OCLC 1036786904, lectura en línea), Lydia Maria Child,

- (en-US) Patricia C. McKissack & Fredrick L. McKissack (eds.), *Sojourner Truth: Ain't I a Woman?*, Nueva York, Scholastic, 1 de noviembre de 1992, 200 p. (ISBN 9780590446907, en línea),

- (en-US) Suzanne Pullon Fitch (ed.), *Sojourner Truth as Orator: Wit, Story, and Song*, Westport, Connecticut, Greenwood Press, 23 de septiembre de 1997, 272 p. (ISBN 9780313300684, lectura en línea),

Archivos

Los archivos de Sojourner Truth están depositados y pueden consultarse en la Biblioteca Sojourner Truth de la Universidad Estatal de Nueva York en New Paltz.

Homenajes

- En 1971, la Universidad Estatal de Nueva York en New Paltz bautizó su nueva biblioteca con el nombre de "Sojourner Truth",

- En 1986, Sojourner Truth ingresó en el Salón Nacional de la Fama de la Mujer.

- Sojourner Truth es una de los 39 invitados sentados a la mesa en la instalación *The Dinner Party* (1974-1979) de la artista feminista Judy Chicago.

- 1983: Ceremonia de ingreso en el Salón de la Fama de Mujeres de Michigan.

- En 1986, el ilustrador Jerry Pinkney dibujó un retrato de Sojourner Truth para el Servicio Postal de Estados Unidos, que se utilizó como efigie de un sello de 22 céntimos emitido el 4 de febrero de 1986.

- La artista afroamericana Faith Ringgold le rindió homenaje en su cuadro *The Sunflowers Quilting Bee at Arles*.

- En 1997, el robot de la sonda espacial *Mars Pathfinder* -una misión desarrollada por la NASA para explorar el planeta Marte- recibió el nombre de "Sojourner" en su memoria.

- En 2002 se erigió una estatua de Sojourner Truth en Florence, un pueblo cercano a Northampton, en Massachusetts, en recuerdo de su visita en 1843.

- En 2006, el Presidente George W. Bush firmó una ley que autorizaba la exhibición permanente de un Busto de Sojourner Truth (Capitolio de EE.UU.) en el Emancipation Hall del Centro de Visitantes del Capitolio de EE.UU. Fue creado por el escultor Artis Lane e inaugurado el 28 de abril de 2009.

- En 2014, la revista *Smithsonian* incluyó a Sojourner Truth en su lista de los 100 estadounidenses más importantes de todos los tiempos.

- En 2020, Andrew M. Cuomo, Gobernador del Estado de Nueva York, inauguró una estatua de Sojourner Truth en el Parque Histórico del Estado, cerca del puente sobre el río Hudson, en el condado de Ulster, para celebrar el centenario del sufragio femenino en Estados Unidos.

- En astronomía, la Verdad, un asteroide del cinturón principal de asteroides, y la Verdad, un cráter del planeta Venus, también llevan su nombre en su honor (249521).

Otros libros de United Library

https://campsite.bio/unitedlibrary

Milton Keynes UK
Ingram Content Group UK Ltd.
UKHW010659160724
445389UK00013B/679